Sylvanus Mulowayi Kayaumba

4 CHOSES ESSENTIELLES

Sylvanus Mulowayi Kayaumba

4 CHOSES ESSENTIELLES

Le Lit, La Table, La Chaise et Le Chandelier

Éditions Croix du Salut

Imprint
Any brand names and product names mentioned in this book are subject to trademark, brand or patent protection and are trademarks or registered trademarks of their respective holders. The use of brand names, product names, common names, trade names, product descriptions etc. even without a particular marking in this work is in no way to be construed to mean that such names may be regarded as unrestricted in respect of trademark and brand protection legislation and could thus be used by anyone.

Cover image: www.ingimage.com

Publisher:
Éditions Croix du Salut
is a trademark of
International Book Market Service Ltd., member of OmniScriptum Publishing Group
17 Meldrum Street, Beau Bassin 71504, Mauritius
Printed at: see last page
ISBN: 978-613-7-37570-9

4 CHOSES ESSENTIELLES

SYLVANUS MW

4 CHOSES ESSENTIELLES

INTRODUCTION

Il existe 4 choses essentielles dans la chambre d'hôtel qui rendent le séjour agréable aux clients.

La femme de distinction au pays de Sunem connaissait ce secret et installa l'homme de Dieu Elysée dans ce décor de commun accord avec son mari comme il est écrit :

« ***Un jour Élisée passait par Sunem. Il y avait là une femme de distinction, qui le pressa d'accepter à manger. Et toutes les fois qu'il passait, il se rendait chez elle pour manger.***

Elle dit à son mari: Voici, je sais que cet homme qui passe toujours chez nous est un saint homme de Dieu.

Faisons une petite chambre haute avec des murs, et mettons-y pour lui un lit, une table, un siège et un chandelier, afin qu'il s'y retire quand il viendra chez nous. » 2 Rois 4 :8-10

Le lit est le premier lieu pour un enfant qui vient de naître. Cela commence par celui de la maternité, et puis vient celui des parents avant du berceau et plus tard du lit personnel.

Le lit offre la position horizontale qui est celle du repos et aussi de la faiblesse de l'homme marié !

Pendant 8 heures par jour, nous nous retrouvons dans la position horizontale dans le lit.

Pour celui qui a vécu pendant 60 ans, il va sans le dire qu'il a passé 20 ans dans la position horizontale selon les lois naturelles.

Nous dormons normalement pendant la nuit, à l'exception des sentinelles et de certaines personnes qui travaillent souvent de nuit.

C'est le lieu de :

- Repos,
- Méditation,
- Visitation divine,
- Recouvrement de santé,

- L'incursion démoniaque,
- La visite indésirable des voleurs,
- La concertation,
- La conception,
- L'inconscience et de la faiblesse.

La table est le lieu de :

- La restauration,
- Travail et de
- Partage.

La chaise est un lieu de :

- La stabilité,
- La disponibilité et
- La maîtrise de soi.

Le chandelier ou la lampe est une source de lumière et de chaleur.

Nous sommes appelés à suivre le chemin éclairé par la Parole de Dieu qui est une lampe à nos pieds.

Nous devrions à notre tour éclairer notre vie, celle de notre famille, de la société et même celle du monde entier.

Même le Seigneur Jésus lors de son séjour parmi nous, prenait le temps de se reposer dans la position horizontale !

Cela était évident car il était 100% Dieu et 100% homme.

Le lit est notre lieu de Sabbat pour nous reposer du travail de plus de 8 heures de la journée qui vient de se terminer.

Le malade et le prisonnier connaissent la valeur du lit car ils y passent de longues heures.

Jacob vit l'échelle de Dieu dans la nuit quand il se coucha par terre et se servit d'une pierre comme un oreiller. Il y a bien de gens qui ont de beaux lits mais sans sommeil profond car ce n'est pas la richesse de ce monde qui nous font dormir.

Adam vit Eve devant lui alors que Dieu venait de le réveiller du profond sommeil où il fut plongé avant de tiré un de ses os pour la former.

La femme dans le foyer dort pendant le jour comme une sentinelle alors que l'homme se repose profondément pendant la nuit.

Nous aimerions demeurer sur nos gardes pendant la nuit car nous ne savons pas à quelle heure de la veille le voleur pourra nous surprendre !

Les esprits supérieurs naissent pendant la nuit et meurent les yeux ouverts pendant le jour.

Quand il vous arrive de vous réveiller au milieu de la nuit, ne retournez pas directement dormir, prenez un peu de temps dans la méditation devant la présence de Dieu avant de vous rendormir.

Les 4 choses essentielles peuvent être utilisées globalement ou partiellement et ce qui compte c'est leur bon maniement !

Car parler debout est bien différent de parler couché ou assis !

La position et le lieu influencent sur nos actions et nos déclarations.

Le pilote travaille assis alors que le creuseurs dans le fond de la mine à ciel ouvert est enfoncé dans la poussière et la boue des minerais précieux.

Dans le Sermon sur la Montagne, le Seigneur Jésus s'adresse aux foules dans la position assise.

Nous naissons dans un berceau ou dans le lit de la maternité ou celui des parents pour nous retrouver dans la position horizontale dans notre dernier rectangle.

Le lit qui nous repose, nous emportera aussi un jour, chacun en son temps et dans ses circonstances !

L'Auteur

LE LIT

Le lit est un lieu de repos d'une manière générale. C'est le lieu préféré des bébés, des malades, des prisonniers et des amoureux.

Nous allons aussi ajouter que c'est le domaine de la réflexion, la visitation divine, la tentation, la détente et le recouvrement de la santé.

Les petits enfants et les vielles personnes adorent le lit.

Nous allons prendre du temps pour voir en détail ce qui se passe dans le lit qui est incontournable car les hommes dorment pendant la nuit et les femmes, surtout dans le foyer, dorment plus pendant la journée que pendant la nuit.

Le lit est un lieu de faiblesse pour les hommes et celui de force pour les femmes dans le foyer.

Les grands esprits naissent pendant la nuit et meurent pendant la journée, de fois voyant venir leur propre mort.

LA FAIBLESSE

« ***Lorsque Jacob eut achevé de donner ses ordres à ses fils, il retira ses pieds dans le lit, il expira, et fut recueilli auprès de son peuple.*** » Genèse 49:33

Nombreuses personnes sont mortes dans la position horizontale comme Jacob, qui était un grand esprit car il rendit l'âme pendant la journée, après avoir donné des ordres à ses fils.

La mort se prolonge dans le cercueil dans la position horizontale qui est celle du repos et de la faiblesse.

On ne peut pas travailler dans la position horizontale. Ce sont des choses rares et particulières. Le travail se fait très souvent debout ou assis.

Dans un couple, l'homme est faible dans le lit et la femme dans la cuisine. C'est à cause de cet aspect des choses que je conseille aux hommes de ne pas beaucoup parler en position horizontale. Elle consacre ainsi leur faiblesse !

Le lit est aussi un lieu de l'inconscience et du subconscient. C'est en lieu que notre personne intérieure s'exprime et continue sa trotte plus spirituelle que physique.

Quand un enfant rêve faire son petit besoin, il se réveille avec le petit lit aux draps mouillés effectivement, alors que quand il se voit manger dans le sommeil, le matin est encore affamé !

C'est dans cette faiblesse, au-delà des limites humaines que Dieu nous parle d'une part et que le diable nous tente d'autre part.

Le voleur aussi en profite pour venir se servir sans raison fondée sur le respect réciproque de cohabitation en société.

Le lit nous ramène à domicile et pendant cette année de long confinement, il a été plus occupé que la chaise ou le fauteuil.

Le malade passe souvent de longues heures par jour au lit sous cure alors que le prisonnier s'y couche pour réfléchir à sa vie et aux siens.

Le lit est le domaine préféré pour l'architecte et la table ainsi que la chaise est pour le travailleur.

Quand nous allons au lit, nous devrions faire une rétrospective pour améliorer notre lendemain et éviter les erreurs du passé.

Le lit nous détend et nous conseille en nous berçant !

Le lit est aussi un point de contact autant que la table et la chaise. Même le poignet de la porte ou le robinet, ainsi que le siège dans le bus de transport en commun peuvent aussi devenir des points de contacts positifs ou négatifs.

Dans l'Ancien Testament, une femme ne pouvait pas dormir dans le même lit avec son mari pendant la période des menstrues car elle était considérée comme impure.

Quand Jonas toucha l'eau, la tempête s'arrêta et les gens qui étaient avec lui dans le navire à destination de Tarsis furent sauvés du naufrage.

La femme au flux de sang, avait juste touché le bord de la robe du Seigneur Jésus, et elle fut guérie.

Certains lits dans les hôpitaux, dans les hôtels et en prison ont communiqués à leurs locataires des bénédictions ou des malédictions.

La loi de contact est une loi spirituelle aux effets réels et percutants. Et c'est à cause de cet état des choses que nous prions sans cesse même sous forme de méditation.

Les habits usagés peuvent aussi nous affecter d'une manière ou d'une autre car ce que nous ne voyons pas existe bien évidemment !

Nombreuses sont des constructions qui se sont écroulées plus tard car le maçon avait en son temps omis certaines instructions de l'architecte.

C'est pour cela qu'un bain matinal peut aussi nous aider à ramener la pendule vitale à zéro pour une nouvelle journée pleine d'espoir et d'attendes positives.

Mais la femme dans nos villages voit que le lit est finalement un lieu de souffrance pour elle car elle dort dans de mauvaises conditions et substituée complètement au matelas de son époux qu'elle considère comme un seigneur et un maître.

Sans respect d'espacement de naissance, la femme africaine dans le village est considérée comme une machine à fabriquer les enfants. Et avec une file indienne de plus de 10 enfants elle passe toute la journée dans les champs et toute la nuit elle se substitue au matelas de son seigneur qui se livre à la consommation des boissons fortes indigène toute la journée.

C'est dans ce type des lits que sont nées les icônes africaines qui sont devenues inoubliables par leurs œuvres et leurs exploits en leur temps.

Je vous jure que la femme africaine a un grand cœur car elle trouve tout cela normal et traditionnellement permis.

LE DOS DE LA FEMME AFRICAINE

C'est sur un tel lit que la femme africaine sacrifie son dos pour se substituer à son matelas afin de l'honorer comme maître absolu de la famille.

Et dans cet état des choses, le lit n'est plus un lieu de repos, mais celui de la souffrance et du sacrifice.

Oui, la femme africaine souffre dans son propre lit au sein du foyer. Elle y va entre 13 et 15 ans et y passe toute sa vie pour donner à son seigneur autant d'enfants que possible.

Sans renverser les us et coutumes, quiconque lira cet exploit et qui pourra faire un geste aux femmes africaines d'un matelas en leur faveur en contactant ceux qui en ont mandat et qualité en la matière, ne perdra pas sa récompense.

Elles vivent ainsi avec cette herbe amère qui est une réalité de chez-nous en plein siècle de grande vitesse et de haute technologie.

Nous sommes nés nombreux dans des lits pareils et avons grandi dans des conditions pénibles, mais aujourd'hui avec le contact avec les milieux citadins, nous allons rentrer dans nos villages pour secourir la femme africaine qui a aussi droit à l'épanouissement et à la vulgarisation de son bonheur.

REPOS ET VISITATION

Le lit est un lieu de repos. C'est l'image du Sabbat qui est le seul jour béni et sanctifié de Dieu.

Les anges ne dorment pas comme nous.

Nous avons besoin de repos car l'homme est différent d'une machine ou d'un robot. Et c'est pendant ce temps de repos que Dieu nous visite par des songes et des visions nocturnes.

« ***Dieu parle cependant, tantôt d'une manière, tantôt d'une autre, et l'on n'y prend point garde.***

Il parle par des songes, par des visions nocturnes, Quand les hommes sont livrés à un profond sommeil, Quand ils sont endormis sur leur couche.

Alors il leur donne des avertissements Et met le sceau à ses instructions,

Afin de détourner l'homme du mal Et de le préserver de l'orgueil,

Afin de garantir son âme de la fosse Et sa vie des coups du glaive. » Job 33 :14-18

Pendant que nous sommes livrés à un profond sommeil, Dieu nous parle d'une manière ou d'une autre afin d nous détourner du mal.

La femme de Pilate avait eu un songe dans la nuit qui précédait le jour de condamnation du Seigneur Jésus sur son innocence !

C'est aussi pendant que nous dormons que l'ennemi vient planter la mauvaise semence dans nos champs comme il est écrit :

« ***Il leur proposa une autre parabole, et il dit: Le royaume des cieux est semblable à un homme qui a semé une bonne semence dans son champ.***

Mais, pendant que les gens dormaient, son ennemi vint, sema de l'ivraie parmi le blé, et s'en alla.

Lorsque l'herbe eut poussé et donné du fruit, l'ivraie parut aussi.

Il leur proposa une autre parabole, et il dit: Le royaume des cieux est semblable à un homme qui a semé une bonne semence dans son champ.

Mais, pendant que les gens dormaient, son ennemi vint, sema de l'ivraie parmi le blé, et s'en alla.

Lorsque l'herbe eut poussé et donné du fruit, l'ivraie parut aussi. » Mathieu 13 :24-26

Pendant que nous dormons, l'ennemi vient planter la mauvaise semence au milieu de la bonne semence. Et les deux types de plantes poussent ensemble.

C'est à cause de cela que nous devrions veiller dans la prière aussi longtemps que possible car nous ne savons pas à quelle veille de la nuit notre ennemi peut nous surprendre.

Ce fut pendant qu'il était au lit que le petit Joseph eut des songes sur son avenir. Il commit l'erreur d'en faire part à ses frères qui en furent jaloux.

C'est pendant que les juifs dormaient profondément que l'étoile de l'Enfant Roi fut suivi par les mages.

Il se passe tant de bonnes choses et de mauvaises choses pendant que les autres dorment.

Pharaon fut en son temps visité par Dieu dans la nuit, dont l'interprétation lui échappa !

« ***Le matin, Pharaon eut l'esprit agité, et il fit appeler tous les magiciens et tous les sages de l'Égypte. Il leur raconta ses songes. Mais personne ne put les expliquer à Pharaon.***

Alors le chef des échansons prit la parole, et dit à Pharaon: Je vais rappeler aujourd'hui le souvenir de ma faute.

Pharaon s'était irrité contre ses serviteurs; et il m'avait fait mettre en prison dans la maison du chef des gardes, moi et le chef des panetiers.

Nous eûmes l'un et l'autre un songe dans une même nuit; et chacun de nous reçut une explication en rapport avec le songe qu'il avait eu.

Il y avait là avec nous un jeune Hébreu, esclave du chef des gardes. Nous lui racontâmes nos songes, et il nous les expliqua.

Les choses sont arrivées selon l'explication qu'il nous avait donnée. Pharaon me rétablit dans ma charge, et il fit pendre le chef des panetiers.

Pharaon fit appeler Joseph. On le fit sortir en hâte de prison. Il se rasa, changea de vêtements, et se rendit vers Pharaon. » Genèse 41 :8-14

Avoir un songe est une bonne chose, mais en obtenir l'interprétation, c'est une grâce particulière qui n'est pas donnée à tout le monde.

Joseph n'avait pas l'interprétation de son propre songe. Il en parla à ses frères qui en furent jaloux.

C'est en prison, en ce lieu où le lit remplace la table et la chaise, qu'il eut la grâce d'interpréter le songe des autres prisonniers avant d'aller interpréter celui du roi Pharaon qui l'introduisit dans sa destinée.

Le problème ne consiste pas à commencer mais à bien aboutir !

Dieu donna à Joseph ce qui manquait aux magiciens égyptiens qui ne furent point à la hauteur d'expliquer le songe à leur propre roi !

Le voleur aussi nous surprend quand nous dormons.

« ***Voici, je viens comme un voleur. Heureux celui qui veille, et qui garde ses vêtements, afin qu'il ne marche pas nu et qu'on ne voie pas sa honte!*** » Apocalypse 16 :15

L'arme du voleur est la surprise et la nuit, il y a beaucoup de personnes qui dorment profondément alors que le voleur vient pour dérober, égorger et détruire.

N'allons pas au lit sans prier et ne le quittons pas sans action de grâce.

Nous sommes ainsi appelés à veiller dans la prière et dans l'adoration.

Le lit réconforte le malade et le prisonnier.

Et il nous attend dernière le dernier rectangle. C'est en ce moment-là que je souligne ces mots :

« ***Et j'entendis du ciel une voix qui disait: Écris: Heureux dès à présent les morts qui meurent dans le Seigneur! Oui, dit l'Esprit, afin qu'ils se reposent de leurs travaux, car leurs œuvres les suivent.*** » Apocalypse 14 :13

Oui, notre foi en Jésus nous permet de continuer la trotte en traversant le dernier rectangle afin de nous reposer effectivement de nos travaux.

Oui, le véritable lit est la présence de Dieu. Dans une dimension angélique, nous demeurerons dans la sainte présence de Dieu éternellement.

Notre véritable lit est le paradis où nous serons dans la joie et où Dieu essuiera toute larme de tout œil à tous ceux qui auraient accepté Jésus comme Seigneur et Sauveur pendant notre séjour vital sur cette planète bleue.

Et dans ce lit de la présence de Dieu, le dictionnaire en vigueur n'aura plus ces mots :

- Impossible
- Larmes
- Pauvreté
- Deuil
- Sommeil
- Maladie
- Mort
- Besoin et bien d'autres.

Nous connaîtrons alors notre Dieu comme il nous a connus.

LA MORT DANS LE LIT

Les grandes âmes meurent debout et pendant la journée à l'instar de Jésus sur la croix de Golgotha.

Les âmes inférieures meurent pendant la nuit dans leur lit et les grandes âmes meurent pendant la journée, de fois en voyant venir leur mort !

« ***L'Éternel fait mourir et il fait vivre. Il fait descendre au séjour des morts et il en fait remonter.*** » 1 Samuel 2:6

Que nous mourrions pendant le jour ou pendant la nuit, c'est Dieu seul qui a le dernier mot dans la vie de chacun de nous.

C'est lui qui donne la vie et c'est encore lui, qui la retire au bout du rouleau avant que chacun de nous ne rende compte de la mission reçue de sa part devant lui.

Avant d'aller au lit, il est sage de faire une prière et aussi avant de quitter sa chambre à coucher.

Et pendant la nuit, chaque fois que l'on se réveille pour se soulager ou pour autre chose, il est sage de prendre quelques minutes dans la méditation de la Parole de Dieu de laquelle nous sommes sortis tous et vers laquelle nous retournons après ce pèlerinage sous le soleil dans cette carcasse.

« ***Car Christ est ma vie, et la mort m'est un gain.*** » Philippiens 1:21

La mort est un gain pour les enfants de Dieu car elle leur permet d'aller vers la source de toute vie.

Au fait la vie dans cette carcasse n'est qu'éphémère car elle passe devant Dieu comme juste un instant !

Et la mort est le dernier ennemi à conquérir pour un chrétien car elle n'a pas d'effet de blocage sur notre retour vers le ciel d'où nous sommes venus un jour. **1 Corinthiens 15:26**

Tous, nous mourrons un jour, mais les morts en Christ, ressusciteront à la venue du Seigneur dans les airs pour prendre son Eglise qui est aussi son Epouse.

Ce n'est pas le lieu ou la position dans laquelle nous mourons qui compte, mais c'est dans quel état que cela nous arrive qui compte le plus.

Croire en Jésus, c'est être en lui alors que lui est aussi en nous et rien ne pourra nous nuire.

Nulle part ailleurs nous ne serons en paix. La véritable paix ne se retrouve qu'en Jésus, notre Seigneur et Sauveur.

Il y a des gens qui sont morts dans les eaux ou dans les accidents multiples et certains d'entre eux n'ont pas pu être retrouvés. Et au dernier jour, les grands et les petits ressusciterons tous pour le jugement dernier.

LA TABLE

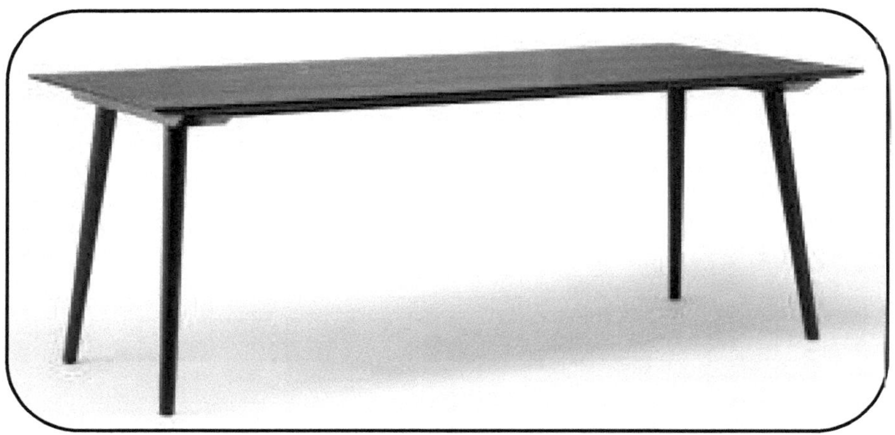

La table est un lieu de travail et de restauration.

« ***Tu dresses devant moi une table, en face de mes adversaires;***

Tu oins d'huile ma tête, et ma coupe déborde. » Psaumes 23:5

Dieu dressa une table devant David en face de ses adversaires avant de l'oindre, et de faire déborder sa coupe.

Il faut une table pour la protection et la délivrance de Dieu car les choses de grande valeur ne se déposent pas par terre !

Nous mangeons à table pour donner de la valeur au repas et nous avons aussi besoin de la chaise que nous allons découvrir au chapitre prochain.

Et la table devra être bien dressée pour accueillir les personnes y attendues.

Les grands restaurants donnent de la valeur au décor de la table. Et nous aussi, en tant qu'enfants de Dieu, nous devrions aménager une table bien dressée dans nos cœurs afin d'accueillir notre Roi des rois pour le dîner comme il est écrit :

« ***Voici, je me tiens à la porte, et je frappe. Si quelqu'un entend ma voix et ouvre la porte, j'entrerai chez lui, je souperai avec lui, et lui avec moi.*** » Apocalypse 3 :20

Le Seigneur Jésus se tient à la porte de chacun de nous.

Il frappe et celui qui entend lui ouvre et partage avec lui la table pour le dîner !

Il n'entre pas pour manger par terre, mais à table. Et c'est là que la table devient aussi un lieu de révélation.

Même dans nos relations humaines, la révélation naît du partage à table, même avec un modeste verre d'eau.

Il n'y avait pas de table dans la rencontre du Seigneur avec la femme samaritaine au puits de Jacob ce jour-là !

Elle avait quand-même été plus avisée que Nicodème, le grand docteur de la loi !

S'il n'y a pas de table, jetez-vous aux pieds du Seigneur comme Jean sur l'île de Patmos !

La table est partout dans la maison et dans la société. Il y a une table dans la salle à manger, une autre dans le salon. Même dans la chambre à coucher à côté du lit, il y a aussi une petite table.

Dans la cuisine aussi, il y a une ou de fois plusieurs tables.

Au marché, à l'école et dans les bureaux, il y a des tables pour de multiples usages !

Les grandes négociations et les grandes réconciliations se font autour d'une table.

Nous ne saurons pas épuiser les possibilités que nous offrent la table dans la vie de tous les jours, néanmoins, prendrons du temps pour en mentionner quelques unes à la lumière de la Parole de Dieu.

CAIN ET ABEL

« ***Elle enfanta encore son frère Abel. Abel fut berger, et Caïn fut laboureur.***

Au bout de quelque temps, Caïn fit à l'Éternel une offrande des fruits de la terre;

Et Abel, de son côté, en fit une des premiers-nés de son troupeau et de leur graisse. L'Éternel porta un regard favorable sur Abel et sur son offrande;

Mais il ne porta pas un regard favorable sur Caïn et sur son offrande. Caïn fut très irrité, et son visage fut abattu. » Genèse 4 :2-5

Caïn devint cultivateur comme son père Adam alors qu'Abel devint éleveur au bout du temps.

Et ils vinrent tous deux devant Dieu pour lui offrir leurs sacrifices du fruit de leur travail respectif.

Je ne sais pas sur quel type de table ou d'autel avaient-ils placé leurs offrandes. Seulement la Bible nous dit que Dieu porta son regard sur l'offrande d'Abel et cela irrita Caïn.

Les premières tables de sacrifices dans la Bible sont celles de Caïn et d'Abel.

Noé en son temps bâtit un autel ou une table de sacrifice après le déluge et y offrit des bêtes bien sélectionnées en holocaustes.

Abraham bâtit un autel pour le sacrifice de son fils Isaac selon les instructions reçues de Dieu.

A la 10° plaie, Israël devait se nourrir de chair d'agneau avant de quitter la maison de la servitude.

« ***Cette même nuit, on en mangera la chair, rôtie au feu; on la mangera avec des pains sans levain et des herbes amères.***

Vous ne le mangerez point à demi cuit et bouilli dans l'eau; mais il sera rôti au feu, avec la tête, les jambes et l'intérieur.

Vous n'en laisserez rien jusqu'au matin; et, s'il en reste quelque chose le matin, vous le brûlerez au feu. » Exode 12 :8-9

Il a fallu se rendre à la table dans chaque famille pour prendre le repas de l'exode qui se dessinait à l'horizon.

La table est aussi un lieu de préparation pour un long voyage.

Oui, il est mieux de bien préparer son départ à table pour bien noter tous les détails. Et Israël se prépara en famille autour de la table du dernier repas de nuit avant la sortie du pays de la servitude.

REVELATION AUTOUR DE LA TABLE

« ***Pendant qu'ils mangeaient, Jésus prit du pain; et, après avoir rendu grâces, il le rompit, et le donna aux disciples, en disant: Prenez, mangez, ceci est mon corps. Il prit ensuite une coupe; et, après avoir rendu grâces, il la leur donna, en disant: Buvez-en tous;*** » Matthieu 26:26-27

C'est autour de cette table que Jésus révéla aux disciples que Judas Iscariote allait le trahir et qu'il allait mourir et qu'au 3° jour ressusciter des morts.

Il y a aussi des gens ont été empoisonnés à table pendant qu'ils prenaient de la nourriture.

Et il y en qui ont de bonnes révélations autour de la table, comme ce le fut avec les disciples sur le chemin d'Emmaüs.

« ***Pendant qu'il était à table avec eux, il prit le pain; et, après avoir rendu grâces, il le rompit, et le leur donna.***

Alors leurs yeux s'ouvrirent, et ils le reconnurent; mais il disparut de devant eux. » Luc 24 :30-31

Les 2 disciples sur le chemin d'Emmaüs marchèrent avec le Seigneur Jésus ressuscité sans le reconnaître. Et une fois autour d'une même table dans le partage du repas, la révélation du Seigneur ressuscité fut leur partage.

LA TABLE ET LE TRAVAIL

Personnellement je passe près de 10 heures par jour à table pour écrire des livres sur le social, la divinité et l'imaginaire.

Il y a bien de gens qui n'ont pas besoin de table pour faire leur travail.

L'instituteur utilise la table autant que l'élève. Le premier pour le travail et le second pour son instruction.

Au bureau, il y a beaucoup de tables. Celles de la réception, celles des administratifs et celles des chefs.

Dans la salle d'opération, il y a une table pour la chirurgie.

Chez le dentiste, on trouve une table pour le patient et devant le juge instructeur il y a aussi une table.

Paul était un grand ami de la table car c'est lui qui nous a encouragés avec ses lettres adressées aux différentes églises de son temps.

Les grandes décisions se prennent autour d'une table ainsi que la signature de certains contrats.

Mais dans ma vie, je n'aime pas jouer au tennis de table, je préfère plutôt de divertir au golf où on peut y aller seul ou en groupe.

LA TABLE DANS LE TEMPLE

« *Tu feras une table de bois d'acacia; sa longueur sera de deux coudées, sa largeur d'une coudée, et sa hauteur d'une coudée et demie.*

Tu la couvriras d'or pur, et tu y feras une bordure d'or tout autour.

Tu y feras à l'entour un rebord de quatre doigts, sur lequel tu mettras une bordure d'or tout autour.

Tu feras pour la table quatre anneaux d'or, et tu mettras les anneaux aux quatre coins, qui seront à ses quatre pieds.

Les anneaux seront près du rebord, et recevront les barres pour porter la table.

Tu feras les barres de bois d'acacia, et tu les couvriras d'or; et elles serviront à porter la table.

Tu feras ses plats, ses coupes, ses calices et ses tasses, pour servir aux libations; tu les feras d'or pur.

Tu mettras sur la table les pains de proposition continuellement devant ma face. » Exode 25 :23-30

Il y avait une table en bois d'acacia et couvert d'or dans le lieu saint du Temple. Il y avait aussi des plats, des coupes, des calices et des tasses pour servir aux offrandes.

Et c'est là que l'on déposait les pains de proposition pour adorer Dieu.

Et aujourd'hui, la table de pain de proposition est dans notre cœur. Et c'est là que nous présentons à notre Dieu nos problèmes et nos difficultés et c'est sur la même table que nous l'adorons et le louons de tout notre cœur et de toute notre âme.

La table physique dans l'Ancien Testament était l'ombre de notre communion avec Dieu dans la prière, l'adoration et la louange tout le long de notre mission sous le soleil.

« ***Quand il ouvrit le cinquième sceau, je vis sous l'autel les âmes de ceux qui avaient été immolés à cause de la parole de Dieu et à cause du témoignage qu'ils avaient rendu.***

Ils crièrent d'une voix forte, en disant: Jusques à quand, Maître saint et véritable, tardes-tu à juger, et à tirer vengeance de notre sang sur les habitants de la terre?

Une robe blanche fut donnée à chacun d'eux; et il leur fut dit de se tenir en repos quelque temps encore, jusqu'à ce que fût complet le nombre de leurs compagnons de service et de leurs frères qui devaient être mis à mort comme eux. » Apocalypse 6 :9-11

Il y a des âmes de ceux qui avaient été immolés à cause de la parole de Dieu comme Etienne, Paul et Pierre en dessous de l'autel ou de la table dans le ciel.

Elles criaient vengeance mais il leur avait été remis une robe blanche en attendant que le nombre de leurs compagnons soit atteint pour passer à la vengeance de Dieu en leur faveur.

Et la table dont le Seigneur a besoin, c'est celle qui est dans notre cœur autour de laquelle nous dînerons avec Jésus.

LA CHAISE

La chaise est le symbole de la stabilité et de l'assurance.

« ***Pharaon apprit ce qui s'était passé, et il cherchait à faire mourir Moïse. Mais Moïse s'enfuit de devant Pharaon, et il se retira dans le pays de Madian, où il s'arrêta près d'un puits.*** » Exode 2 :15

Moïse s'arrêta près d'un puits et s'assied, fatigué de sa longue course. Et delà, sa vie prit un autre tournant. Sa chaise était peut-être un morceau de pierre ou juste un morceau de vieux bois abandonné. Mais le lieu où il s'était assis ce jour-là était un lieu stratégique.

Il y a des endroits où il faudra placer la chaise et des endroits où il ne faudra jamais s'asseoir.

Je pense à Abraham qui avait placé sa chaise à la bonne place ce jour-là et il reçut ainsi les anges qui allaient pour la destruction de Sodome et Gomorrhe.

Lot aussi était aussi assis au bon endroit et reçu la visite des 2 anges qui venaient pour la destruction de sa ville !

Le lit, la table et la chaise ont séparément 4 pieds, ce qui fait en tout 12 pieds qui représentent les 12 apôtres du Seigneur et les 12 portes qui sont dans la cité céleste.

Le repos, le travail et la stabilité s'appuient sur la fondation des apôtres du Seigneur qui est notre référence dans cette dispensation du Saint-Esprit et de la grâce.

Dans le Sermon sur la Montagne nous voyons le Seigneur Jésus s'asseoir avant de commencé son discours, contrairement à nos prédicateurs qui sautent pour nous communiquer quelque chose de la part de Dieu.

« ***Voyant la foule, Jésus monta sur la montagne; et, après qu'il se fut assis, ses disciples s'approchèrent de lui.***

Puis, ayant ouvert la bouche, il les enseigna, et dit: » Mathieu 5 :1-2

Il y en a qui ont choisi de s'asseoir dans la vallée ou au bord de la route comme Barthimée ou encore devant les portes des lieux fréquentés fortement en mendiants.

D'autres personnes, par contre, s'assoient sur le lit après s'être réveillés.

Mais le Seigneur Jésus monta sur la montagne pour s'asseoir sur son sommet avant de commencer son discours.

Ne t'assoies pas en Egypte, ni au désert, va et traverse le Jourdain pour aller faire tomber les murs de Jéricho avant de t'installer dans le pays de la promesse de Dieu.

C'est sur la montagne dans la position assise que le Seigneur Jésus nous enseigne l'amour de l'ennemi et du persécuteur de notre vie. Et là, il nous fait passer de l'amour fraternel à la charité.

Soyons assis dans la Parole de Dieu et nous verrons sa gloire sur nous spirituellement, physiquement, matériellement, financièrement et même émotionnellement.

Il n'y a pas de stabilité dans la chose de Dieu sans la nouvelle naissance.

Il n'y a pas nouvelle naissance sans l'aide du Saint-Esprit !

LE TRONE

Le trône est une chaise spéciale, un siège d'honneur et de gloire destiné aux rois généralement.

Comme il y a un seul soleil pour présider le jour, ainsi en est-il de la loi du trône. Il y a toujours un seul chef.

Le chef de la femme, c'est l'homme et le chef de ce dernier est le Seigneur Jésus.

En République Démocratique du Congo, il y a eu entre 2018 et 2019 une coalition au pouvoir qui s'est soldée en échec et en discontinuité.

Une seule hymne nationale, un seul drapeau et un seul chef pour diriger une nation pendant son mandat.

« ***David trouva grâce devant Dieu, et demanda d'élever une demeure pour le Dieu de Jacob;***

Et ce fut Salomon qui lui bâtit une maison.

Mais le Très Haut n'habite pas dans ce qui est fait de main d'homme, comme dit le prophète:

Le ciel est mon trône, Et la terre mon marchepied. Quelle maison me bâtirez-vous, dit le Seigneur, Ou quel sera le lieu de mon repos? » Actes 7 : 46-49

Notre Dieu n'habite pas dans une maison faite des mains des hommes.

Le ciel est son trône et la terre son marchepied.

Le jour où nous serons au ciel, nous aurons l'opportunité de contempler le trône de Dieu.

Et pendant que nous sommes encore dans cette carcasse, son trône est dans nos cœurs car c'est là qu'il compte dîner avec nous.

Le tout se passe dans le cœur qui est plus grand que le corps !

C'est incroyable mais vrai. Le contenu est plus grand que le contenant.

C'est l'histoire ahurissante et inattendue d'une baleine dans un verre d'eau.

L'infiniment grand est venu sollicité refuge à la porte de l'infiniment petit pour rester ensemble avec lui et dîner avec lui !

Ce sont là des choses que l'œil n'a pas vues, que l'oreille n'a pas entendues et qui ne sont pas montées au cœur de l'homme.

Dans la matière divine, un seul péché peut nous faire perdre toute l'éternité et un simple signe de repentance et d'engagement à porter les fruits dignes de la nouvelle naissance nous ouvre les couloirs des parvis célestes et éternels.

« ***Je regardai, pendant que l'on plaçait des trônes. Et l'ancien des jours s'assit. Son vêtement était blanc comme la neige, et les cheveux de sa tête étaient comme de la laine pure; son trône était comme des flammes de feu, et les roues comme un feu ardent.*** » Daniel 7 :9

Le trône de notre Dieu est comme des flammes de feu, et ses roues comme un feu ardent.

Il est inaccessible à quiconque vivant dans le péché car en s'y approchant, il sera consumé. Et il est aussi amovible. Il a des roues en feu ardent.

Un enfant de Dieu est une flamme de feu !

« ***De plus, il dit des anges: Celui qui fait de ses anges des vents, Et de ses serviteurs une flamme de feu.*** » Hébreux 1 :7

Ce n'est n'importe quel enfant de Dieu qui est une flamme de feu. C'est celui qui appartient à Dieu et qui le sert !

Etre au service de Dieu nous donne un statut de flamme de feu. Et ce feu est plus puissant que celui de l'enfer car il vient du trône de Dieu !

Nous nous lamentons souvent parce que nous ne savons pas notre statut en tant qu'enfants de Dieu à son service.

La mission nous assignée nous donne le statut de flamme de feu comme ce fut à la pentecôte dans la chambre jour !

« ***Ta maison et ton règne seront pour toujours assurés, ton trône sera pour toujours affermi.***

Nathan rapporta à David toutes ces paroles et toute cette vision.

Et le roi David alla se présenter devant l'Éternel, et dit: Qui suis-je, Seigneur Éternel, et quelle est ma maison, pour que tu m'aies fait parvenir où je suis? » 2 Samuel 7 :16-18

Jésus est venu prendre le trône de David pour nous le donner. Il nous a ainsi fait passer de la chose physique à la chose spirituelle.

Dorénavant, ce n'est plus sur la montagne ou à Jérusalem qu'il faudra adorer Dieu, les vrais adorateurs adoreront Dieu en esprit et en vérité.

Et cette vérité vient du fond de notre cœur pour ramener au Seigneur les âmes perdues afin de leur éviter la ruine et la destruction à venir.

LE CHANDELIER

Le chandelier est le signe de la lumière et de la chaleur.

Nous sommes des chandeliers pour éclairer notre famille, notre société et même les extrémités de terre.

Les 7 branches du chandelier sont alimentées par la même huile qui est dans le petit réservoir intérieur.

Et le chandelier dans le Temple de Dieu devait continuellement briller.

Il faudra que ceux qui ne connaissent pas encore le Seigneur voient notre lumière et qu'ils louent ainsi notre Dieu.

Le chiffre 7 est celui de la perfection.

C'est un chiffre de Dieu.

Il nous rappelle les 7 jours de la semaine, dont 6 pour la création et 1 pour le repos.

C'est quand il n'y a plus de lumière dans la maison que l'on comprend que nous ne la connaissons pas encore parfaitement.

C’est quand il eut des ténèbres sur toute la terre pendant 3 heures que le soldat romain en face du Seigneur sur la croix de Golgotha dans une mort humiliante et honteuse avait finalement compris qu’il était en face du Fils de Dieu !

« ***Il me dit: Que vois-tu? Je répondis: Je regarde, et voici, il y a un chandelier tout d'or, surmonté d'un vase et portant sept lampes, avec sept conduits pour les lampes qui sont au sommet du chandelier;*** » Zacharie 4:2

Le chandelier était complètement en or alors que la table des pains de proposition était en bois d’acacia revêtu d’or.

La lumière est la présence de Dieu et les pains de proposition sont la part que nous apportons à Dieu.

Les pains de proposition ne viennent pas du ciel, ils constituent ce que nous offrons à Dieu comme sacrifice, adoration et louange. Alors que la lumière, c’est Dieu lui-même qui vient nous éclairer dans les ténèbres de la terre.

Nous sommes la lumière du monde en tant que reflet de celle de Dieu, car nous avons été créés à son image et à sa ressemblance.

La table des pains de proposition et le chandelier étaient placés dans le lieu saint du Temple.

Les 7 églises d'Asie sont aussi appelées 7 chandeliers au milieu desquels marche le Seigneur Jésus dans le livre d'Apocalypse.

L'or est une matière précieuse qui passe par une très haute température dans le four du forgeron.

Les adversités de la vie et les vents contraires sont des épreuves et des tentations qui nous aident en tant qu'enfants de Dieu à devenir purs dans sa présence.

L'or supporte de très grandes températures et nous sommes aussi appelés à supporter les autres et à les amener avec sagesse vers la volonté de Dieu.

Le rejet, l'abandon, les moqueries et la raillerie sont les éléments de base qui nous brûlent le cœur dans le four de notre croissance dans la nouvelle naissance.

Il a fallu que Joseph soit d'abord jeté dans le fond du puits sans eau par ses propres frères avant qu'un roi étranger le fasse asseoir dans le trône de gouverneur de son pays.

Jésus, la Véritable Lumière, fut humilié à la croix de Golgotha et enseveli par Joseph d'Arimathée et Nicodème, avant de ressusciter au 3° jour !

Nous devons mouiller le maillot pour la cause du royaume des cieux qui est notre priorité.

La lampe allumée devra être placée sur la table pour éclairer toute la maison. Et nous sommes cette lampe individuellement et collectivement. Nous devons briller dans la famille, la société et dans le monde entier afin d'attirer un plus grand nombre d'âmes, car nous avons été sauvés pour sauver et béni pour bénir les autres.

Dans nos villages en Afrique, il y a aussi des chandeliers publics.

Les jours de fête ou de deuil, la famille restreinte et élargie ainsi que les amis et connaissances se retrouvent autour du feu de bois pour se réchauffer et pour partager dans la lueur des flammes des buches.

LE CHANDELIER AFRICAIN

C'est autour d'un feu de bois que les enfants grandissent encore aujourd'hui en Afrique.

C'est là la classe du soir avant de se rendre au lit, dans laquelle la sagesse est vulgarisée à la lumière et à la chaleur des flammes de bois combattues par un peu de fumée.

C'est là que se célèbre les séances de fête et de deuil.

Et le feu de bois qui éclaire et qui réchauffe, nous aide aussi jusqu'à ce jour dans nos villages à la cuisson des aliments !

En Europe ainsi que sous d'autres cieux, le feu de bois est encore utilisé pour le réchauffement des maisons pendant l'hiver.

Nous avons besoin du chandelier et nous sommes aussi des chandeliers du Seigneur.

Avoir un chandelier est une bonne chose. Etre un chandelier est une meilleure chose. Et les deux deviennent comme les deux bras d'une même croix, les deux pieds d'un même pas et les deux lèvres d'un même sourire.

En frottant les deux mains pendant un peu de temps, on sent de la chaleur et c'est pour cela que Jésus les envoya deux à deux.

Deux valent mieux qu'un. C'est pour cela que Dieu fit la femme pour Adam à partir de sa côte.

La lumière chasse les ténèbres et le froid à la fois, surtout avec un feu de bois.

Israël suivait la colonne de feu pendant la nuit et la nuée pendant la journée.

Ma mère préparait pour nous sur un petit four bien aménagé par papa avec des buches.

LA CUISSON DE MA MERE

Nous mangions toujours à temps avec la cuisson de maman sur un petit four alimenté par le feu de bois.

Nous étions dix dans notre famille. Huit garçons et deux filles et il y avait toujours des membres de la famille élargie avec nous et l'on mangeait trois fois par jour et à temps grâce au for de feu de bois de maman.

Aujourd'hui, en dépit de l'évolution de la technologie qui nous offre des machines électriques, à gaz et même solaires, nous mangeons, pour ce qui me concerne une seule fois le soir au milieu de tout ce beau décor inutile.

Un vélo, une moto ou un véhicule sans phare ne saura pas bien rouler pendant la nuit.

La Parole de Dieu est notre Chandelier à nos pieds pour nous guider sur le sentier de la vie !

Non seulement le fait d'avoir un chandelier mais nous devrions aller plus loin et devenir des chandeliers placés sur la table de Dieu pour éclairer le monde entier.

Nous sommes une génération des témoins de Dieu pour éclairer le monde en partant de Jérusalem (notre famille), en passant par la Judée (la société), en poursuivant la Samarie (notre pays) et jusqu'aux extrémités de la terre.

Notre lumière peut ainsi atteindre les autres qui sont encore dans l'ombre de la mort par les réseaux sociaux aussi, car Covid-19 que je cherche pour lui remettre son certificat de décès, nous bloque la trotte avec les mesures de confinements de bouclages.

Que chacun de nous brille dorénavant pour la gloire de Dieu et l'avancement du Royaume de Dieu !

CONCLUSION

Il existe un bon lit et un mauvais lit, une bonne table et une mauvaise table, une bonne chaise et une mauvaise chaise et enfin un bon chandelier et un mauvais chandelier.

Le lit de Dieu donne le vrai sommeil, le bon repos et la bonne visitation par des songes et des rêves.

Le lit du diable est une servitude de laquelle il faudra sortir pour nous rejoindre sur l'estrade du témoignage de la bonne nouvelle du royaume.

Evitons les tables et les autels du diable où le mal est conçu pour détruire la vie des autres. Soyons des sacrifices de bonne odeur comme ceux d'Abel le juste dans la présence de Dieu.

« ***Heureux l'homme qui ne marche pas selon le conseil des méchants, Qui ne s'arrête pas sur la voie des pécheurs, Et qui ne s'assied pas en compagnie des moqueurs,***

Mais qui trouve son plaisir dans la loi de l'Éternel, Et qui la médite jour et nuit!

Il est comme un arbre planté près d'un courant d'eau, qui donne son fruit en sa saison, et dont le feuillage ne se flétrit point:

Tout ce qu'il fait lui réussit. » Psaumes 1 :1-4

Nous devons nous éloigner des tables et des chaises des pécheurs, des méchants et des moqueurs afin de ressembler à un arbre près d'un courant d'eau, donnant son fruit en sa saison.

Les lits de l'infidélité sont à fuir dans la vie de tous les jours car le salaire du péché c'est la mort !

Nous ne devons pas dresser notre table en Egypte ni dans le désert mais bien dans la Terre Promise après avoir traversé la Mer Rouge et le Jourdain.

Nous sommes appelés à être stables dans la présence de Dieu par l'obéissance, la fidélité et la discipline.

Il existe plusieurs sources de lumière. Nous avons des chandeliers, des lampes à huile, des bougies, des lampes électriques et des buches enflammées.

Ne ressemblons pas aux 5 vierges folles qui n'avaient pas d'huile de réserve pour leur lampe !

Nous avons des chandeliers, mais nous sommes aussi personnellement et collectivement des chandeliers et des lampes du Seigneur que l'on allume pour être placés sur la table afin d'éclairer toute la maison.

Il y a un temps pour aller au lit, celui de travailler assis sur une chaise à table. Mais notre chandelier doit briller jour et nuit afin que notre lumière attire les autres à la Maison du Seigneur !

L'Auteur

L'AUTEUR

Sylvanus Mulowayi Wa Kayumba, né le 02/10/1963 dans la petite ville minière de Kolwezi dans la province du Grand Katanga, e, République Démocratique du Congo, dans une famille de 8 garçons et 2 filles.

Sa plume remonte aux années 1983 comme dramaturge et acteur monologue, habitué à évoluer en soldat solitaire.

Traducteur Assermenté et Polyglotte, il a beaucoup écrit sur le social, le divin et est l'imaginaire.

Aumônier et prédicateur de la bonne nouvelle du royaume de Dieu, il est aussi un ami des prisonniers et des malades.

Dans un style simple embaumé de microcosme, il continue sa trotte tant qu'il y aura encore de l'encre dans son encrier.

Co-fondateur du Culte Anglophone dans la Ville de Lubumbashi dans la Province du Grand Katanga en République Démocratique du Congo en 1993.

En 2002 dans la Ville de Kinshasa, il participa efficacement à l'installation du Ministère du Réseau Global pour la Nouvelle Alliance et ouvrit une émission chrétienne à la télévision « ONLY JESUS » avant de se concentrer totalement la littérature théologique pratique jusqu'à ce jour.

Ouvert à tous, pour la cause commune !

L'Auteur

TABLE DES MATIERES

Introduction 005

Le Lit 012

- La Faiblesse 014
- Le Dos de la femme Africaine 019
- Repos et Visitation 022
- Mort dans le Lit 030

La Table 034

- Caïn et Abel 038
- Révélation Autour de la Table 041
- La Table et le Travail 043
- La Table dans le Temple 045

La Chaise 050

- Le Trône 054

Le Chandelier 061

- Le Chandelier Africain 067
- La Cuisson de ma Mère 069

Conclusion 074

L'Auteur 078

Table des Matières 081

Printed by Books on Demand GmbH, Norderstedt / Germany